À Thibaud

L'auteur remercie le Dʳ Clerget pour son aide et son soutien indéfectible.

Crédits photographiques

Tous les dessins et photographies © Shutterstock / Tatjana Russita (gardes) ;
Mastepanov Pavel (règle 1) ; Masyle (règle 2) ; Robert F. Balazik (règle 3) ;
Brian A Jackson (règle 5) ; hostile (règle 6) ; Gelpi JM (règle 7) ; Marie Appert
(règle 10) ; 2xSamara.com (règle 12) ; Arlishok (règle 16) ; Ron and Joe (règles
20, 23, 28, 32) ; grynold (règles 22, 29) ; Nowik Sylwia (règle 24) ; Oksana
Kuzmina (règle 25) ; Denis Barbulat (règles 26, 34) ; Irbena (règle 27) ; Kokandr
(règle 34) ; reporter (règle 35) ; weter 777 (règle 36) ; Ilike (règle 46)

Direction de la publication : **Isabelle Jeuge-Maynart et Ghislaine Stora**

Direction éditoriale : **Catherine Delprat**

Édition : **Laure Sérullaz**

Mise en page : **Les PAOistes**

Couverture : **Anna Bardon**

Fabrication : **Marie-Laure Vaillé**

ISBN 978-2-03-589523-3
© LAROUSSE 2014

Imprimé en Espagne par Unigraf S.L.
Dépôt légal : décembre 2013
311983/09 - 11034527 - novembre 2016

LES MINI LAROUSSE

Les 50 règles d'or pour

pour

se faire obéir
sans s'énerver

Dr Gilles-Marie Valet

LAROUSSE

21 rue du Montparnasse 75283 Paris Cedex 06

Sommaire

Pourquoi faut-il que l'enfant obéisse ?

Il y a de nos jours beaucoup de discussions autour de l'éducation. Elle aurait été trop rigide avant 1968, trop laxiste après. Il est donc essentiel de revenir aux fondamentaux.

UNE ÉDUCATION RÉUSSIE

L'éducation a pour mission de transmettre à l'enfant, entre autres choses, les règles et les lois qui lui permettront de bien s'intégrer socialement et qui s'imposeront à lui de toute façon par la suite. Il s'agit de le rendre apte à les respecter, car **tolérer les frustrations n'est pas inné pour lui**, et obéir, cela s'apprend.

LES RÈGLES ET LES LOIS POUR TOUS, ENFANTS ET PARENTS !

La loi donne aux parents le droit d'exercer leur autorité sur leur enfant jusqu'à ses 18 ans. Les parents sont au-dessus de lui pour le diriger et le protéger, et cela rassure l'enfant. Les parents sont pour lui les représentants de la loi, avant que la loi proprement dite ne remplace leur autorité.

L'obéissance est plus facile à apprendre quand on est enfant qu'adulte. En grandissant, l'enfant comprend que les règles et les lois s'appliquent à tous, y compris à ses parents, et que ce n'est donc pas la loi du plus fort qui domine.

Après l'adolescence, il comprendra que ces mêmes règles et lois qui sont vécues comme des barrières sont là comme autant de protections, notamment pour **défendre sa liberté**, mais aussi pour **le guider sur le bon chemin** et le rendre autonome.

RÈGLE 2

Avoir confiance dans son autorité naturelle

Les relations entre parents et enfants s'instaurent dès la naissance. Et probablement bien avant... L'autorité est l'un des fils de ce lien solide que l'on appelle la « filiation ».

L'AUTORITÉ EST AVANT TOUT IMPLICITE

Elle ne se résume pas au droit ou au pouvoir de commander, ni à celui de se faire obéir. Elle recouvre surtout cette **influence instinctive** que les parents ont naturellement sur leur enfant. Très tôt, l'enfant perçoit la dépendance qui le lie à ses parents : matérielle, puisque ces derniers subviennent à ses besoins (boire, manger, dormir...),

mais également affective et intellectuelle (jouer, apprendre, grandir…). Il perçoit que ses parents sont investis d'une **mission de protection** et que les règles éducatives, les interdits et les obligations en font partie.

L'EXERCICE DE L'AUTORITÉ

L'autorité parentale se construit au fur et à mesure que l'enfant grandit, que se constitue sa personnalité. Parents et enfants font alors face à des situations où il faut faire des choix et **l'enfant s'expose parfois à la sanction.**

Lorsque cette autorité naturelle ne va pas de soi pour le parent ou n'est pas suffisamment évidente pour l'enfant, cela peut favoriser des troubles dans son expression et son exercice. Ainsi, des parents qui douteraient trop de son caractère naturel pourraient avoir tendance à sévir ou à chercher à **se faire obéir coûte que coûte.** Parallèlement, certains enfants peuvent ressentir le besoin de **transgresser** pour se confronter à la réalité de cette autorité, d'autant plus quand les limites restent floues ou qu'ils ont besoin d'être rassurés sur l'attention que leur portent leurs parents.

Jouer son « rôle » de parent

Être parent correspond juste au fait d'avoir des enfants ; (bien) jouer son « rôle » de parent consiste à (bien) s'occuper d'eux. Or, à bien des égards, ce rôle peut ressembler à un rôle de composition.

UN SEUL RÔLE À LA FOIS

Chaque jour, les adultes sont partagés entre leurs responsabilités professionnelles, familiales et personnelles, et doivent assumer **plusieurs fonctions à la fois**, ce qui peut parasiter l'exercice de leur autorité parentale.

Quand on rentre éreinté(e) d'une journée de travail, endosser son costume de père ou de mère n'est pas toujours aisé. Ainsi, il est préférable d'éviter d'être à la fois parent et professeur au moment des devoirs ou de retrouver ses émois d'adolescent quand il s'agit de prendre une décision pour le sien.

UN RÔLE DE COMPOSITION

« Surjouer » le rôle de parent peut parfois être nécessaire lorsqu'il est important de marquer des limites : **faire les gros yeux** ou **hausser le ton** avec un petit, ou prendre son adolescent à part, « entre quatre yeux », pour mieux le responsabiliser.

Dans ce jeu de « rôle » de parent, il est vital de **dire ce que l'on fait et de faire ce que l'on a dit.** Inutile de menacer d'une sanction que l'on n'aura pas le cœur de mettre à exécution, mais il ne sera pas plus adapté de punir sur un coup de tête, sans avoir prévenu l'enfant qu'il était en train de franchir la ligne rouge.

Enfin, il est possible d'utiliser la méthode Couet pour jouer au « parent sévère » (lorsque l'on se sent trop permissif), en se répétant « je ne peux pas laisser passer ça, il faut qu'il comprenne » ou, à l'inverse, pour éviter de s'emporter, en ressassant « je ne vais pas m'énerver, je garde mon calme ».

Définir des règles stables et cohérentes

Pour que les règles soient respectées, il faut d'abord les définir. Sans établir la liste de tout ce qui sera autorisé et interdit, avoir en tête les grands principes de ce qui nous paraît indispensable pour le bon fonctionnement de la famille est essentiel.

DES REPÈRES

L'enfant a besoin, pour se développer sereinement, de pouvoir s'appuyer sur des repères sécurisants. Pour cela, ils doivent être **cohérents** (s'associer les uns aux autres de façon complémentaire pour favoriser un fonctionnement compréhensible et logique auquel l'enfant peut se référer) et **stables** (ne pas changer sans raison, ou en fonction du seul désir des parents).

Par leur caractère ainsi prévisible, ces règles permettent à l'enfant d'anticiper ce qu'on attend de lui, évitant un sentiment d'insécurité. Elles s'élaborent au quotidien dans le cadre de vie où il évolue, définies par les limites concrètes que sont le temps et l'espace.

Le cadre temporel s'établit grâce à la régularité des heures des repas, du lever, du coucher, des horaires de l'école... avec les variations possibles liées aux week-ends, aux vacances... Cela contribue à nuancer les règles sans les remettre en question si la régularité prime l'exception.

Le cadre géographique se construit dans les différents lieux de vie de l'enfant, la maison, l'école, tous les endroits où il se rend (chez les grands-parents, les amis) et où les règles peuvent différer.

DES VALEURS CLAIRES POUR UN ENFANT !

« C'est bon pour grandir », « cela rend triste ou joyeux », « ça peut te faire mal »... font référence à des valeurs humaines (respect de soi et des autres, bonne santé, plein épanouissement...) que l'enfant va aisément comprendre, car elles sont concrètes et en lien avec ses activités. Pas besoin de longues explications !

RÈGLE 5

(Re)penser les limites

Pour élever son enfant avec pertinence et se faire obéir, il est important de savoir ce que l'on peut attendre de lui, en fonction de son âge et de son tempérament.

N'EXIGEZ PAS L'IMPOSSIBLE

Selon son âge, un enfant ne va pas comprendre les consignes et les raisonnements de l'adulte de la même façon. Certaines « bêtises » peuvent être dues au fait que **l'enfant ne sait pas ou n'arrive pas encore à faire**, comme rester calme au restaurant pendant de longues heures, respecter les règles

de la politesse, tenir un vase sans le casser, gérer la frustration ou la colère.

Plutôt que de se fâcher et punir inutilement, mieux vaut **favoriser l'apprentissage de nouvelles aptitudes**, en montrant l'exemple, en lui faisant refaire ce qu'il a mal fait, tout en étant rassurant et apaisant.

Évitez également les lieux qui ne lui conviennent pas (un musée pour un enfant non scolarisé qui risque de s'y ennuyer, un restaurant s'il préfère courir dans un parc...).

FAVORISEZ DES ESPACES SÉCURISÉS

« Sécurisé » rime avec « adapté » et « autorisé ». À l'image du bébé que vous pouvez laisser en toute tranquillité dans son parc, assurez-vous que votre enfant évolue dans un endroit où il n'est exposé ni à des risques ni à des tentations qui pourraient favoriser des comportements inadaptés. Rangez, par exemple, en lieu sûr ce que vous ne voulez pas qu'il touche.

Un espace sécurisé, c'est aussi un endroit où son autonomie est facilitée par des objets qui lui simplifient la vie (des meubles qui encouragent à ranger, pas de bibelots fragiles...).

Former une équipe parentale en or...

Chaque parent doit pouvoir compter sur l'autre pour soutenir ses décisions ou le relayer dans les moments difficiles.

UN SEUL CHEF D'ÉQUIPE, MAIS AVEC DEUX TÊTES

C'est au père de réprimander l'enfant qui manque de respect à sa mère ou à celle-ci d'intervenir quand la situation dégénère avec le père. Il est difficile d'être à la fois « juge et partie » : les adolescents, notamment, vivront la situation de façon moins injuste si c'est le parent non impliqué dans le conflit qui joue

les médiateurs. À l'inverse, on évitera de consoler un petit qui vient de se faire gronder par l'autre parent, au risque de remettre en question la légitimité de ce dernier.

On n'est pas obligé de s'entendre sur tout, mais il est important de **trouver des compromis** lorsqu'il s'agit des enfants. Les conflits dans un couple favorisent la désobéissance, d'autant plus s'ils portent sur des principes éducatifs. Évitez de vous disputer ou de faire part de vos désaccords devant eux.

COMPTEZ AUSSI SUR LA FAMILLE PROCHE

Pour un parent isolé, l'autorité est souvent présentée comme plus difficile, surtout s'il assume seul le rôle de père et de mère. Aussi, il sera utile de **solliciter le soutien réel ou symbolique d'un proche.** On pourra ainsi évoquer l'idée de prévenir un parrain, même éloigné, représentant un modèle que l'enfant ne voudra pas décevoir, ou demander l'aide d'une grand-mère, habitant à proximité et qui pourra passer à la maison pour le raisonner.

Ce n'est pas faire preuve de faiblesse ou se décharger de ses responsabilités de parent : il n'y a rien de plus adapté que d'avoir recours à un tiers pour sortir d'une relation duelle compliquée.

Autorité ne rime pas avec brutalité !

Pour mieux se faire obéir, il est tentant de chercher à intimider l'autre à l'instar des animaux qui rugissent ou montrent les dents. Avec les enfants, ces stratégies primaires ne sont pas les plus efficaces.

LES PILIERS DE L'AUTORITÉ PARENTALE

La confiance dans ses qualités de parent, la légitimité des règles posées et des contraintes imposées ainsi que l'assurance d'être obéi sont les éléments essentiels d'une autorité efficace.

L'autorité se traduit **surtout dans les actes**. Inutile de se perdre dans de longues explications qui auraient vite tendance à se transformer en négociations. Lorsqu'une consigne est donnée, il importe seulement qu'elle soit exécutée. Or, cela sera facilité si elle est énoncée de façon claire et imposée calmement. Quitte à recourir à différentes stratégies : faire ensemble, transformer la demande en jeu, utiliser le « 1, 2… 3 ».

La violence verbale (cris excessifs, insultes ou menaces) **ou physique** n'est que la traduction d'une mauvaise gestion de son autorité. La peur de ne pas être entendu, la croyance que la peur est plus efficace que la raison et la responsabilisation en sont souvent les principaux moteurs.

S'il n'est pas interdit de crier, il vaut mieux **éviter de donner le mauvais exemple** à votre enfant. En effet, il sera vite tenté de vous imiter pour obtenir gain de cause. De plus, le recours exclusif à des modes d'expression violents finit par rendre l'enfant dépendant à la décharge d'adrénaline que cela induit. Par la suite, il ne répondra aux consignes que lorsqu'elles seront exprimées avec force.

Ne pas se laisser emporter par ses émotions...

Les émotions influencent nos réactions. C'est le cas lorsque l'on est confronté aux agissements de nos enfants.

DÉBUSQUEZ VOS ÉMOTIONS

Il existe une palette très variée d'émotions se déclinant à partir des émotions primaires que sont la joie, la tristesse, la peur, la colère, le dégoût ou la surprise. Elles sont provoquées par certaines situations et se caractérisent par les réactions physiques et affectives qu'elles entraînent : le rire ou les larmes, le cœur qui s'accélère ou la gorge qui se serre...

Sous leur influence, nous ne sommes pas toujours portés à réagir de façon adaptée. Après une journée difficile ou une contrariété, on jugera plus sévèrement les actions de notre enfant, et devant une « bêtise », on pourra le considérer coupable de la colère que l'on ressent. **Or, si les émotions s'imposent parfois à nous, nous sommes seuls responsables de la façon dont on les gère !**

APPRENEZ À GARDER VOTRE CALME

- Pour donner l'exemple : en vous voyant prendre sur vous, votre enfant apprendra à dépasser ses propres colères.
- Pour ne pas vous décharger de vos tensions et de vos frustrations sur votre enfant.
- Pour ne pas déraper et avoir des comportements et des paroles que vous pourriez regretter.

COMMENT VOUS Y PRENDRE

- Prenez le temps de souffler avant de réagir et d'analyser ce que vous ressentez.
- Méfiez-vous de ce sentiment de puissance que vous éprouvez lorsque vous punissez.
- Multipliez les activités qui vont aider à gérer le stress et les émotions (sport, lecture, sorties, relaxation...).

Si, malgré cela, il vous arrive encore d'élever la voix, ne culpabilisez pas.

... et lui apprendre à gérer les siennes

L'enfant est animé d'émotions auxquelles s'ajoutent des pulsions dont il doit apprendre à canaliser l'énergie. C'est l'éducation et les expériences positives répétées que celle-ci permet qui garantissent cet apprentissage particulier.

IDENTIFIEZ LES ÉMOTIONS

Il s'agit d'un **apprentissage affectif**, qui ne passe pas par le raisonnement ou l'intelligence. Si on parle d'« intelligence émotionnelle », c'est qu'on désigne par là une aptitude, celle d'identifier et de contrôler ses émotions afin de pouvoir les exprimer de façon sereine. Elle permet également de comprendre les émotions des autres et de faire preuve d'une juste empathie.

Comme pour toute leçon à apprendre « par cœur », la répétition est de mise. Pas besoin de longues explications. Il s'agit surtout de **nommer les émo-**

tions lorsqu'elles se présentent et d'**autoriser ou non les manifestations** qu'elles provoquent.

CE SONT LES COMPORTEMENTS QUE L'ON CONDAMNE, PAS LES ÉMOTIONS

Celles-ci s'imposent à l'enfant en fonction de ce qu'il vit (un événement heureux ou triste, une contrariété…) et font partie de la vie. On dira, par exemple, à un enfant qui tape parce qu'il est en colère : « Je comprends que tu sois fâché, mais ça, c'est inadmissible. » Et on s'efforcera de le calmer. De même, on canalisera une explosion de joie trop marquée si elle dérange, sans pour autant remettre en question son plaisir.

On n'hésitera pas non plus à décrire ses propres émotions ou celles dont il est témoin ou à l'origine : « Tu vois, Alice pleure, car elle a eu très peur quand tu l'as poussée. »

Les mots ne dispensent pas de la sanction dont la fonction est de mettre un terme immédiat au comportement inadapté. On pourra toujours conclure par un : « C'est un geste très méchant et je t'aime trop pour te laisser agir comme ça. »

Développer son sens de l'obéissance

Naturellement, l'enfant attend de ses parents qu'ils accèdent à ses moindres désirs. Sa dépendance absolue et vitale vis-à-vis d'eux dans ses tout premiers temps de vie l'explique pour l'essentiel.

L'OBÉISSANCE N'EST PAS UNE QUALITÉ INNÉE

Le parent doit, en retour, faire preuve d'empathie et de disponibilité. Puisque le parent peut prodiguer les soins qu'il veut et l'enfant réclamer tout ce qu'il ne peut obtenir par lui-même, il se tisse une relation de **toute puissance conjointe**, qui va progressivement laisser la place à une relation de **responsabilité réciproque**.

En grandissant, l'enfant acquiert une plus grande autonomie, libérant l'adulte de la responsabilité de faire certaines choses à sa place. Pour autant, l'enfant reste tributaire de ses parents pour d'autres besoins. Cette autonomisation s'accompagne aussi de nouvelles exigences familiales et sociales (règles de politesse, obligations scolaires...).

LE PLAISIR DE FAIRE PLAISIR

Or, le renoncement à son propre désir pour celui de l'autre ne s'effectue pas par « esprit d'obéissance ». Deux motivations essentielles le rendent possible : l'astreinte familiale et sociale, d'une part, et les sentiments, d'autre part.

En effet, l'enfant reste dépendant pour les besoins les plus élémentaires de son existence (manger, dormir, apprendre et même jouer). Mais les sentiments occupent aussi une large place dans sa vie : l'amour, l'attachement, l'admiration, la reconnaissance qu'il éprouve pour ses proches, puis ceux qu'il perçoit en retour et qu'il veut conserver ou conquérir.

Pour bien se faire obéir, plutôt que de « bonnes punitions », il faut **une juste association entre des besoins satisfaits et de l'affection**. Plus l'enfant obéit et se montre responsable, plus on lui fait confiance et plus il gagne en liberté.

Comprendre son enfant et pourquoi il n'obéit pas

Les enfants ne vivent pas les choses de la même façon que les adultes. Ce qui paraît évident pour les parents ne l'est pas forcément pour eux et certains de leurs comportements peuvent leur sembler inopportuns alors qu'ils sont juste dus à un développement encore immature.

LES ENFANTS N'ONT PAS LA MÊME PERCEPTION DU TEMPS

L'enfant vit dans le présent. Aussi agit-il en fonction des éléments qui se présentent à lui et dont il a connaissance : difficile donc pour lui de se projeter loin dans l'avenir, d'anticiper les conséquences à long terme de certains de ses actes, et lorsqu'il désire quelque chose, il le veut tout de suite !

LES ENFANTS SONT PRAGMATIQUES

Ils ont une vision concrète des choses. Ainsi, ils prennent au pied de la lettre les expressions symboliques et métaphoriques. Quand on leur dit « une minute ! » pour avoir la paix, le temps de terminer ce qu'on est en train de faire, et ils reviennent sur-le-champ. En revanche, quand on leur dit « tout de suite ! » (notion floue pour eux), c'est après le jeu dans lequel ils sont plongés.

LEURS PRIORITÉS NE SONT PAS LES MÊMES

Jouer, accaparer l'attention de leurs parents, faire ce qu'ils ont envie au moment où ils en ont envie, mais aussi mener leurs expériences au bout sont leurs priorités. Interdits et mises en garde sur ce qu'ils risquent ne suffisent pas toujours à les freiner tant qu'ils n'ont pas effectivement subi les conséquences de leurs actes.

C'est l'éducation qui va leur permettre de moduler leurs aspirations et de les calquer progressivement sur celles de leurs parents (accorder plus d'importance aux apprentissages, à l'autonomie, à la responsabilité...).

Développer très tôt ses bonnes habitudes

Les règles de vie seront intégrées facilement par les enfants si elles sont mises en place très tôt et associées à leurs besoins fondamentaux. Plus tard, elles feront ainsi moins l'enjeu de négociations et de conflits.

CONSIGNES & BESOINS

En associant ce que l'enfant fait spontanément à une consigne qui ne va pas de soi, celui-ci développe des **habitudes aussi solides que des réflexes** : se laver les mains (consigne) chaque fois qu'on sort des toilettes (besoin de faire pipi) ou avant de passer à table (besoin de se nourrir), se brosser les dents avant d'aller se coucher...

Pour faciliter encore les choses, le parent peut s'appuyer sur l'imitation, en rendant ces moments d'autant plus agréables qu'il y participe de façon ludique.

L'IMPORTANCE DES RITUELS

La pratique quotidienne de séquences d'activités (on se met en pyjama, on se brosse les dents, on file au lit et on a droit à son histoire) contribue à créer des **rituels**. Et ces derniers sont indispensables au bon développement affectif de l'enfant, puisqu'en le plaçant sur des rails, ils donnent aux événements un **aspect prédictible**, et donc rassurant.

Éviter
les comparaisons

Certains parents peuvent être tentés de demander à leurs enfants de prendre exemple sur d'autres. Or, l'imitation ne fonctionne que si c'est l'adulte qui est le modèle.

PAS DE COMPARAISONS DANS LA FRATRIE

« Regarde ta petite sœur comme elle est sage ! Tu ne pourrais pas faire comme elle ? » Mais le grand frère n'a aucune envie de ressembler à sa sœur : être sage reviendrait pour lui à régresser en âge ou bien à se féminiser. Cet exemple illustre les limites, voire le danger d'utiliser la comparaison avec les frères et sœurs pour obtenir de meilleurs comportements. Cela risque de **nourrir une jalousie et une mésentente** au sein de la fratrie.

De même, lorsque l'on compare son enfant avec son camarade, on risque d'induire une rivalité ou de nuire à cette amitié.

LA COMPARAISON NE DONNE PAS LA RÈGLE

Elle crée un **climat de compétition**, avec forcément un gagnant et un perdant, un qui se conduit « bien » et un qui se conduit « moins bien » par comparaison. Or, une bonne conduite doit se définir par rapport à la règle, objective, et non par rapport à un individu, ce qui est subjectif.

COMPARER, C'EST ENFERMER UN ENFANT DANS UN RÔLE

Dans le cas des fratries très proches, les enfants cherchent à se différencier les uns des autres, à s'individualiser. Être plus ou moins obéissant, calme ou turbulent est une façon très simple de se distinguer. Et une fois l'étiquette mise, elle devient une identité qui peut marquer longtemps l'individu.

C'est la faute que l'on juge, pas l'enfant

Gronder ses enfants peut aller de soi face à des « bêtises », mais rappelons quelques règles.

CHOISISSEZ BIEN VOS MOTS

Les remontrances doivent nécessairement porter sur la bêtise : c'est la mauvaise note, le geste méchant ou la parole grossière que l'on condamne. C'est l'action qui est critiquable, et non l'enfant. Cette nuance est importante, car elle souligne qu'il aurait pu agir différemment.

Si on se contente de traiter un enfant de **« petit menteur »** ou de **« voleur »** pour le convaincre de sa faute et de sa responsabilité, l'enfant risque de s'enfermer dans cette identité. Il sera plus adapté de dire **« ce n'est pas bien de mentir »** ou **« le vol est un délit qui peut mener en prison »** pour lui faire comprendre sa faute, et plus efficace d'**encourager les bons comportements** pour le responsabiliser plutôt que de se focaliser sur les mauvais.

Éviter les exemples négatifs

Un enfant ne peut comprendre l'attitude paradoxale qui consiste à montrer ce qu'il ne faut pas faire.

NE FAISONS PAS NOUS-MÊMES CE QUE NOUS NE VOULONS PAS QU'IL FASSE

« Je te fais du mal, mais c'est pour ton bien », comme lorsque je te mords pour te montrer ce que cela fait quand, toi, tu mords ta petite camarade de la crèche, ou que je te donne une fessée pour que tu comprennes que tu as fait une « bêtise ». Comme le plus spontané chez l'enfant est toujours l'imitation, il ne retiendra de l'exemple que ce qu'on lui aura montré…

Or, s'il n'est pas acceptable qu'un grand frère frappe son cadet, il n'y a rien d'étonnant à ce qu'il le fasse quand ce dernier fait ce qu'il considère, lui, comme une bêtise alors qu'il a lui-même été sanctionné de la sorte par ses parents. **Si vous ne voulez pas qu'un enfant frappe, ne le frappez pas.**

L'enfant n'est pas un adulte en miniature

Les capacités sociales se développent dans l'enfance. Aussi, n'attendez pas d'un enfant ce qu'il est encore dans l'impossibilité de faire.

BEAUCOUP D'APTITUDES À DÉVELOPPER AVANT DE DEVENIR « RAISONNABLE »

Un enfant va devoir apprendre à :
• **gérer ses émotions** : la colère, la frustration, comme la joie, sont des sentiments intenses qui génèrent des réactions pas toujours adaptées ;
• **s'exprimer verbalement plutôt qu'impulsivement** : face à une situation qui lui déplaît, l'enfant va chercher à s'y soustraire (détourner la tête de la cuillère ou recracher l'aliment qu'il n'aime pas...) plutôt que d'expliquer calmement ce qui ne lui convient pas ;
• **anticiper les conséquences de ses actes** : l'enfant vit dans le présent et fait dans l'instant ce qu'il désire, sans penser à plus tard.

ADAPTEZ VOS ATTITUDES
À SA COMPRÉHENSION

Même nos meilleures explications ne lui sont pas toujours intelligibles. S'il est important de lui expliquer nos raisons, il ne faut pas pour autant attendre qu'il s'y conforme immédiatement. Rien ne sert de parler de son quota de sommeil, ni des dangers de la télévision…

• **Soyez pratique :** instaurez la règle implicite du « c'est comme ça, point ! », qui s'appuie sur des habitudes (le coucher à la même heure…) et restez ferme lorsque vous dites « non ».

• **Joignez le geste à la parole :** si vous voulez qu'il vous écoute, sollicitez son attention de façon active. Regardez-le en face et n'hésitez pas à aller le chercher plutôt que de l'appeler de l'autre bout de la pièce. Et quand vous dites « non », soustrayez-le de la situation dans laquelle il s'enferre.

Le sens des responsabilités

Le sens des responsabilités se développe chez l'enfant parallèlement à ses fonctions affectives et intellectuelles.

ÊTRE RESPONSABLE, ÇA S'APPREND !

L'enfant doit pour cela percevoir les relations qui peuvent exister entre des événements différents et établir ce qui peut être la **conséquence de ses actes** pour anticiper leur impact et faire les bons choix dans les actions à venir.

Un jeune enfant ne perçoit les choses qu'en fonction de lui : ce qui est bien (ou mal) correspond à ce qui lui fait du bien (ou du mal). Puis il réalise qu'il existe des interdits, et sa conception des choses s'élargit à ce qui est autorisé ou non. Faire sciemment ce qui est interdit équivaut alors à faire quelque chose de mal. Cette **prise de conscience** ou ce **sens moral** sont liés à la façon dont les limites ont été instaurées.

Responsabilité et culpabilité : le bon dosage

Si l'excès de culpabilité peut faire des adultes névrosés et inhibés, à l'inverse, ne jamais en éprouver conduit à l'absence d'empathie et de prise de conscience de ses responsabilités.

NE PAS FUIR DEVANT UNE FAUTE

La culpabilité est une forme particulière du sentiment de responsabilité. **L'absence de remise en question ne permet pas de s'améliorer et favorise la récidive.** En effet, lorsque l'on considère que ce que l'on a commis est une faute, il est adapté de s'en sentir coupable.

Il ne s'agit pas, pour le déculpabiliser, de dire à l'enfant que ce qu'il vient de faire n'est pas grave, surtout si l'on pense le contraire ! Ou, pire, de faire comme si on n'avait rien vu, au risque de provoquer une escalade dans les troubles de conduite.

Trop de culpabilisation favorise les mauvais comportements

Réelle ou imaginaire, une faute génère un sentiment de culpabilité dont l'enfant va chercher inconsciemment à apaiser le poids en se faisant punir.

LE « BESOIN DE PUNITION »

Freud a nommé ce phénomène le « besoin de punition ». Si l'enfant se sent trop souvent coupable, il développe des **mécanismes de défenses émotionnels**. Il peut relativiser sa responsabilité, favorisant la multiplication de comportements antisociaux, de troubles oppositionnels. Ou, à l'inverse, il peut adopter inconsciemment des **conduites autopunitives** : privations volontaires ou automutilations.

RÉPARATION ET LIBÉRATION

L'enfant ne peut porter seul le poids de sa culpabilité. Cela ne légitime pas pour autant le recours abusif aux punitions ou l'ignorance volontaire de comportements inappropriés de sa part. La sanction doit faire contrepoids à la culpabilité, ce qui est le cas lorsqu'elle permet à l'enfant de **réparer sa « bêtise »** ou d'**effectuer une tâche gratifiante**.

Les actions qui mobilisent physiquement libèrent davantage du poids de la culpabilité que les privations ou autres punitions dénuées de sens en soi. Mieux vaut que l'enfant se dépense physiquement pour se racheter symboliquement.

IMPACT SUR LA CONFIANCE EN SOI

C'est de l'équilibre entre culpabilité et responsabilité que vient la confiance en soi et en l'autre : une absence de culpabilité ôte toute responsabilité et la responsabilité permet de ne pas se sentir excessivement coupable.

Valoriser les bons comportements

On considère trop souvent que les bonnes actions vont de soi et n'ont donc pas à être félicitées, ni récompensées, alors qu'on sanctionnera spontanément une faute ou une erreur.

LE BESOIN D'ATTENTION POUSSE PARFOIS À FAIRE N'IMPORTE QUOI

Si vous ne réagissez que sur ses « bêtises », l'enfant va intégrer l'idée que c'est dans ces situations-là que vous lui portez le plus d'intérêt. Il aura alors tendance à les répéter.

Il ne s'agit pas pour autant de tout autoriser, mais d'**inverser votre tendance naturelle**. Tout en restant ferme mais calme sur les interdits, enthousiasmez-vous à propos de ses belles actions,

intéressez-vous à ses réussites et n'hésitez pas à lui dire combien il vous fait plaisir.

ÉVITEZ LES CRITIQUES PERMANENTES

La tendance à vérifier tout ce que fait votre enfant est, certes, bienveillante, mais vous ne pouvez vous contenter de critiquer ce qui ne vous paraît pas bien. Cela risque, à long terme, de retentir sur sa confiance en soi et son désir d'initiative en l'inhibant.

FAIRE ENCORE MIEUX

Plutôt que de condamner ses actes, vous pouvez lui proposer de réfléchir à comment il aurait pu faire (encore) mieux. Et lorsqu'il avoue une « bêtise », la première chose serait de le féliciter de sa franchise et d'être en retour plus clément.

Tout n'est pas faute ni « bêtise »

Comprendre n'est pas tout excuser, mais cela permet de s'interroger sur ce qui a rendu l'acte, considéré comme une bêtise, possible pour proposer une réponse adaptée.

QUE CONSIDÉRER COMME UNE BÊTISE ?

Doit-on vraiment juger comme un acte répréhensible un comportement qui s'inscrit dans un processus de développement ? Toutes les expériences que l'enfant fait pour grandir et acquérir de nouvelles compétences ne sont pas toujours réussies en raison d'une construction psychomotrice et affective encore immature. **Le besoin de découvrir, celui de jouer ou de tester son parent** sont autant d'occasions de ne pas faire ce qui est attendu de lui.

Doit-on réprimander un enfant qui renverse un objet ? Ou le gronder lorsqu'il reproduit un comportement défendu parce qu'il n'a pas encore compris que c'était interdit ? On ne peut pas sanctionner ce qui est lié à un manque de maturité (gestes maladroits, leçon pas comprise, interdits non assimilés).

INTERROGEZ-VOUS AVANT DE PUNIR

La bêtise comporte-t-elle un risque pour l'enfant ou son entourage, ou n'a-t-elle que l'inconvénient de déranger les adultes qui l'entourent ? *A contrario* peut-elle être utile à l'enfant ? Peut-elle l'aider dans son développement ? C'est le cas lorsqu'elle lui permet de comprendre son erreur et de la corriger.

Pour ne pas faire de bêtises, l'enfant a besoin de **développer un certain nombre de nouvelles compétences**. Il doit, bien sûr, parvenir à bien maîtriser ses mouvements pour éviter les maladresses, mais également apprendre à gérer ses désirs et ses émotions, dont les manifestations peuvent être considérées comme inopportunes, à l'instar des colères ou des caprices. Enfin, il doit développer son sens des responsabilités pour pouvoir choisir le comportement le mieux approprié en fonction de ses envies et des conséquences de ses actes.

Anticiper

Mieux vaut prévenir que guérir... Le proverbe n'a jamais été aussi vrai que dans l'éducation. Bien des soucis sont évités lorsque les situations ont été bien préparées.

DÉCRIVEZ CE QUI VA SE PASSER

Prévenir de la fin d'une activité et annoncer la suivante permet de **limiter la frustration** qui peut survenir. Il n'est pas facile pour un enfant, voire impossible pour certains, de **supporter les périodes de transition**. Même s'il adore jouer dans le bain, il aura du mal à quitter son train, et il ne voudra pas sortir de l'eau au moment du coucher, même s'il aime qu'on lui raconte une histoire... Aussi, accompagnez ces moments, interprétez ce que vous observez de ses réactions : « Là, tu es peut-être triste d'arrêter, mais tu vas tellement aimer ce qui suit. »

Annoncer les choses permet aussi de souligner que vous êtes ferme et que vous ne changerez pas les consignes. **Dites ce que vous ferez et faites ce que vous avez dit** est la meilleure façon de se faire obéir.

EXPLIQUEZ CE QUE VOUS ATTENDEZ DE LUI

Avec des mots concrets, décrivez les situations en précisant **ce que vous comptez faire et ce qu'il faudra éviter** : « On va faire des courses, tu m'aideras à choisir les légumes, mais hors de question qu'on achète des bonbons, il en reste dans le placard ! »

Adoptez un ton grave et une attitude solennelle : en vous plaçant à sa hauteur et en captant son regard, vous vous assurez de son écoute et conférez à vos propos un caractère absolu.

Enfin, appuyez-vous sur les expériences antérieures : rappelez-lui (en le félicitant) celles qui se sont bien passées et interdisez fermement que se reproduisent celles que vous avez déjà sanctionnées.

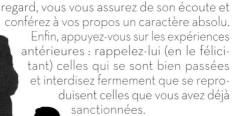

Ne pas hésiter à le mettre sur la touche

Lorsqu'un joueur commet une faute (un hors-jeu), il est mis sur la touche. Utilisez ce principe quand l'enfant dépasse les limites.

ENTRE PUNITION ET ÉDUCATION

« Mettre sur la touche », c'est **isoler l'enfant** pour mettre un terme à des comportements inadaptés (agitation, provocation...) et qu'il **retrouve son calme**. Sanction chez les petits, occasion de réfléchir pour les plus grands, cette mesure permet aussi avec ces derniers d'éviter l'escalade des conflits. C'est enfin, pour les parents, le moyen de mettre de la distance avant de s'emporter et de perdre le contrôle de la situation. « Stop ! On en reparlera quand tu seras calmé ! »

EN PRATIQUE

Agissez avant que les choses dégénèrent et pour une durée brève, l'équivalent du retour au calme, davantage si l'enfant reste agité. L'efficacité de la mesure dépend de votre conviction et de votre fermeté : c'est immédiatement et sans négociations. Vous ne lui laissez pas le choix ! Il ressort de sa chambre ? Vous l'y reconduisez !

LE BON BANC DE TOUCHE

L'enfant retrouvera son calme **dans n'importe quel endroit à distance de toute stimulation**. Dans la maison, cela peut être sa chambre si le lieu est suffisamment sécurisé pour qu'il y reste seul, ou juste un coin dans une pièce, ou une chaise à l'abri des regards. **Il ne s'agit pas de l'humilier** ni qu'il s'ennuie. Ce n'est pas une punition : il importe peu qu'il prenne un jouet ou un livre.

À l'extérieur, la présence du parent auprès de l'enfant étant de mise, ce qui prime, c'est le caractère suspensif de la mesure : un temps de silence dans la voiture, cinq minutes de pause sur le banc dans le parc ou debout, à la sortie du grand magasin.

Égayer le quotidien

Un enfant vous écoutera beaucoup plus facilement si les choses lui sont présentées de manière ludique. Et il suivra d'autant mieux les consignes qu'il est stimulé pour le faire.

LES PETITS JEUX DU QUOTIDIEN

Les tâches de tous les jours peuvent être transformées, **avec un peu d'imagination**, en activités plaisantes. Quel parent n'a pas métamorphosé la cuillerée de purée en un avion pour aller plus vite ? On pourra aussi inventer des jeux pour mettre fin à une activité et limiter les frustrations. « Les avions rentrent à la base » et « les poupées vont dormir » clôtureront dans la bonne humeur la journée. Au moment de ranger la chambre, on improvisera un jeu qui consiste à choisir une lettre (ou une couleur) et à placer tous les objets commençant par elle (ou de cette couleur) dans le bac adéquat.

LES COMPÉTITIONS DE TOUS LES JOURS

Les enfants adorent **faire la course**, et tout peut devenir prétexte à des challenges : **le premier qui a** fini a gagné ! Et il peut s'agir de ranger sa chambre comme de venir à table.

« Je compte jusqu'à 3, et si, à 3, ce n'est pas terminé... » est une consigne qui fonctionne bien quand il s'agit de mettre un terme à un comportement indésirable. Encore faut-il en être convaincu, et votre enfant aussi, ce qui sera le cas quand vous l'aurez régulièrement rodé en utilisant le ton adapté (ferme et résolu) et en réagissant systématiquement à la fin du décompte (gronder, sanctionner, isoler...).

Outre l'aide qu'ils peuvent apporter aux parents, ces jeux mettent gentiment en valeur les enfants, par le biais de saines rivalités et de challenges facilement réussis, tout en révélant les savoir-faire et en développant les réflexes.

Faire diversion

Cela consiste à détourner l'attention de votre enfant, à modifier sa réflexion ou son état émotionnel. C'est un excellent moyen pour gérer une crise.

DÉBLOQUEZ UNE SITUATION EN EN PROPOSANT UNE AUTRE

Concrètement, devant une situation qui s'envenime, le mieux est de **changer de sujet**. Un enfant refuse une consigne, s'enferme dans une colère ou un chagrin lié à un état de frustration, s'enferre dans une attitude fière qui bloque toute issue au conflit ? À l'adulte de prendre de la hauteur et faire dévier l'attention de l'enfant pour le sortir de son état.

Faire diversion, ce n'est pas battre en retraite. D'ailleurs, la diversion est considérée comme une tactique militaire, qui consiste à détourner l'attention de l'adversaire d'un point précis.

DONNEZ-LUI D'AUTRES SOURCES D'INTÉRÊT

Avec les jeunes enfants, les techniques de diversion prennent tout leur sens, car ils n'ont pas la maturité ni la capacité de verbalisation pour savoir

céder, raisonner ou bien appréhender la négocia-
tion. On peut leur **proposer une activité ludique**,
attirer leur attention sur une scène cocasse qui se
déroule à côté ou leur **parler de projets agréables
à venir** (la sortie de l'après-midi...).

Enfin, on peut intervertir l'ordre des séquences.
Si votre fille refuse de s'habiller le matin, on passe
à l'étape suivante, comme le petit déjeuner, avant
d'y revenir plus sereinement.

Comme on le verra dans la règle 48, l'usage de
l'humour est également un moyen très
efficace pour sortir d'une situation
de crise.

Se servir de « marqueurs de temps »

L'enfant n'a pas la même perception du temps que les adultes, et notamment du temps qui passe. Pour mettre fin à une activité sans crise, prévenez-le concrètement.

RENDEZ LE TEMPS PERCEPTIBLE

Inventez des petits trucs pour lui permettre de **voir le temps s'écouler**. Précisez, par exemple, le nombre de tours de manège qu'il reste en faisant le décompte : « Plus que 3, plus que 2, plus qu'un. » Et si ce décompte est imagé, cela aura encore plus de sens. Utilisez les doigts de la main en en repliant un à chaque fois ou, mieux, le doudou si c'est un poupon ou un animal, ses bras et ses jambes venant symboliser chaque tour.

DES OBJETS ALLIÉS

Pourquoi ne pas utiliser un gros sablier que l'on retournera quelques instants avant le moment où l'on veut mettre fin à l'activité, en précisant que, lorsque le sable se sera écoulé, on passera à une autre ? Quand il s'agit de télévision ou de jeux vidéo, ce dispositif a le mérite de **détourner l'attention** de l'écran et de **permettre une transition plus facile**.

L'intérêt des objets est qu'à la différence des parents, **il n'est pas possible de négocier avec eux**. Quand c'est l'heure, c'est l'heure ! Une fois les règles bien énoncées (dodo à 8 heures), on ne peut que se plier à ce que dit la grosse horloge. Et pas besoin de savoir lire l'heure pour comprendre que, quand la grande aiguille a la tête en l'air ou le nez sur le chiffre rouge, il est l'heure de dormir.

L'utilisation d'un **minuteur** est une version revisitée de la course « le premier qui a fini a gagné » : l'enfant (lorsqu'il n'y a pas de frère, de sœur ou de parent) est mis en concurrence avec la petite machine et doit réaliser sa tâche avant qu'elle sonne.

Éviter de renforcer les comportements inadaptés

Un tel comportement a tendance à se reproduire s'il est à l'origine de bénéfices secondaires.

DÉBUSQUEZ LES « RENFORÇATEURS »

C'est le cas des mauvaises notes, par exemple, qui poussent les parents à surveiller leur enfant. Or, même s'il se fait gronder, un enfant peut préférer être puni plutôt qu'être ignoré. Tous les comportements sont appris et durent d'autant plus longtemps qu'ils sont renforcés par les récompenses que l'enfant en tire : une attention particulière de son parent ou des moments qui lui sont consacrés, une plus grande tolérance ou une sévérité accrue mais qui lui donne un statut particulier...

Parfois, la sanction équivaut à une récompense cachée. Pierre, 15 ans, provoque régulièrement son père qui le prive de sortie. Qu'importe, puisque l'adolescent en profite, isolé dans sa chambre, pour chatter avec ses camarades de lycée. La petite Sophie se fait gronder parce qu'elle ne mange pas ses tartines, mais devant l'école, sa mère ne peut s'empêcher de lui acheter une barre chocolatée.

DES ASTUCES

Pour stopper un comportement inadapté, il faut repérer et annuler ce qui le renforce. Mieux vaut parfois éviter de sanctionner si l'enfant en tire paradoxalement un avantage ou ignorer un caprice en attendant qu'il passe et en isolant l'enfant pour qu'il se calme.

Si vous cédez à chaque colère pour avoir la paix ou que vous préférez faire à sa place plutôt que de lui répéter plusieurs fois la consigne, votre enfant risque de s'habituer à exploser à tout bout de champ ou à faire la sourde oreille.

Un tableau vaut mieux qu'un long discours !

C'est au parent d'enseigner à l'enfant ce qui est permis. Si nul n'est censé ignorer la loi, cela ne concerne que les adultes. On ne doit pas parler de désobéissance lorsque les règles n'ont pas été communiquées avec clarté à l'enfant.

LES BONS COMPORTEMENTS S'APPRENNENT COMME DES LEÇONS

Malgré la répétition, l'enfant a parfois du mal à intégrer certains comportements adéquats. Pour cela, on peut faire usage d'un tableau qui les lui rappelle. Sur un tableau noir ou une grande feuille de papier collée au mur dans sa chambre, **notez le règlement intérieur de la maison et les comportements interdits**. Ce règlement sera établi de concert par les deux parents, ce qui sera l'occasion d'échanger et de se mettre d'accord sur des attentes et des règles communes.

Vous pourrez, en contrepartie, **ajouter ce qui est permis**, comme courir dans les chambres où il y a de la moquette (si on ne doit pas le faire dans le salon où il y a du parquet à cause des voisins du dessous...).

On peut aussi faire un **tableau avec des soleils**. Notez 4 à 6 comportements (au-delà, cela devient compliqué) qui vous semblent primordiaux (ne pas taper son frère...) ou règles qui ont du mal à devenir des habitudes (se brosser les dents avant de se coucher...). Pour chaque jour de la semaine, vous noterez un « soleil » si le comportement ou la règle ont bien été respectés ce jour-là.

À la fin de la semaine, faites le total par jour et par comportement ou règle. En fonction du nombre de soleils obtenus, l'enfant aura droit à une récompense plus ou moins importante. L'avantage de ce type de tableau, c'est qu'il valorise plus qu'il ne pénalise. **Pour se faire obéir, les récompenses ont en effet plus de pouvoir que les punitions.**

Montrer l'exemple

L'éducation fonctionne comme un apprentissage. Or, la meilleure façon d'apprendre est de suivre l'exemple.

IMITATION ET IDENTIFICATION

Ce sont ces deux processus qui permettent à l'enfant de grandir et de développer sa personnalité. D'abord, **en reproduisant ce qu'il voit et entend**, l'enfant accroît ses compétences (marcher, parler...). Puis, par **identification**, il ne cherche plus simplement à imiter les adultes, il intègre les sentiments, les caractéristiques (qualités ou défauts) qu'il leur attribue, les assimile pour les faire siennes et forger sa propre identité, en les modulant selon qu'il perçoit qu'elles sont valorisées ou décriées.

Ainsi, un enfant au tempérament fougueux peut avoir tendance à refréner ses mouvements d'humeur s'il prend pour modèle un parent calme et mesuré ou, à l'inverse, laisser d'autant plus exploser ses émotions qu'il grandit auprès d'adultes impulsifs.

La question de l'exemplarité n'est donc pas superflue. **Nos manquements aux règles sociales, et dont nos enfants sont témoins, peuvent influencer leur façon d'accepter celles que nous voudrions leur imposer.** Il ne s'agit pas d'être un parent parfait, mais de pouvoir reconnaître ses erreurs. Plus que les comportements, un enfant aura tendance à reproduire des modes de fonctionnement.

LES RÈGLES DE POLITESSE

Elles sont la démonstration de ce qui ne peut s'apprendre que par l'exemple. Les « s'il te plaît » et « merci » sont des expressions liées aux conventions et n'ont pas de sens en dehors des normes sociales. Cela ne servira à rien d'exiger que votre enfant les répète si vous ne les utilisez pas vous-même.

Les parents aussi peuvent se tromper

Le bon parent n'est pas celui qui a toujours raison, mais celui qui connaît les règles et les lois, et cherche à les transmettre par l'exemple et le discours.

RECONNAISSEZ VOS ERREURS

Il arrive qu'on accuse un enfant à tort. Il faut alors savoir reconnaître sa méprise et **s'excuser auprès de l'enfant**. On peut aussi commettre diverses erreurs ou se tromper sur des principes éducatifs. Il n'y a pas de honte à cela, y compris devant un enfant auquel on doit montrer l'exemple.

L'exemple est alors de **reconnaître son erreur** et de **rendre justice à celui qui avait raison**, même si c'est l'enfant. Nul n'est infaillible, et admettre ses propres erreurs aidera l'enfant à reconnaître les siennes, à accepter ses limites et à vous confier les « bêtises » qu'il pourrait faire. Il acceptera aussi plus volontiers de s'excuser s'il vous est arrivé de le faire devant lui.

Développer
sa confiance en lui

Un enfant confiant dans ses capacités et dans l'intérêt que lui portent ses parents ne recherchera pas l'attention des adultes à n'importe quel prix.

COMMENT L'AIDER À DÉVELOPPER
SON ESTIME DE SOI

L'enfant est soucieux de l'attention que ses parents lui portent. S'il ne l'a que lorsqu'il fait des « bêtises », lorsque l'on craint pour sa santé (et qu'on le surprotège) ou lorsqu'il a de mauvaises notes, il risque de s'enfermer dans ce type de comportements.

Encouragez votre enfant en le laissant faire de nombreuses expériences. Laissez-le inventer des jeux ou favorisez ses découvertes.

Relativisez ses erreurs plutôt que de le réprimander et poussez-le à recommencer là où il a échoué.

Donnez-lui des responsabilités et l'envie de faire toujours mieux.

Satisfaire les besoins de son enfant

Avant d'exiger d'un enfant qu'il soit obéissant, il faut s'assurer que tous ses besoins fondamentaux ont été satisfaits. Y subvenir, c'est le rendre apte à répondre à vos demandes !

DES BESOINS PHYSIQUES ET AFFECTIFS

Un enfant qui n'a pas son quota de sommeil se montrera irritable à l'heure de la sieste ou agité le soir venu. Inutile de le punir, surtout si cela retarde l'heure du coucher, car cela ne fera que renforcer la crise. De même, un jeune enfant sera d'autant plus turbulent qu'il ne bénéficie pas d'activités physiques, sportives ou artistiques régulières (cirque, chant, musique...).

Ces besoins fondamentaux ne concernent pas uniquement **le bien-être et la santé** (boire, manger, dormir, se vêtir...), mais aussi **l'affectif**. Les câlins, les distractions et les stimulations de toutes sortes, l'écoute et les diverses formes d'attentions qui répondent à l'expression de ses émotions sont tout autant indispensables.

Et surtout, **les punitions ne doivent pas porter sur les besoins.** Privez votre enfant de télévision plutôt que de son sport favori (même si cela vous aurait arrangé, pour une fois, de ne pas avoir à l'y accompagner...).

QUELQUES EXEMPLES PRATIQUES !

Évitez de faire les courses à l'heure du goûter si vous ne voulez pas voir votre tout-petit faire une crise devant le rayon des gâteaux et des confiseries. Ne demandez pas à votre adolescente de vous rendre un service sur l'heure de son rendez-vous avec ses copines si vous ne l'avez pas suffisamment prévenue à l'avance pour qu'elle s'organise.

La période du « non » n'est pas insurmontable !

Entre 18 mois et 2 ans, les enfants traversent une période d'opposition au cours de laquelle peuvent se multiplier crises, colères et punitions. S'il est impossible de l'éviter, on peut la traverser sans trop d'encombre.

UNE PÉRIODE FRÉQUENTE, CAR NÉCESSAIRE

Elle correspond à une phase de développement affectif où l'enfant prend conscience d'exister en tant qu'individu et au cours de laquelle il va exprimer son individualité et **revendiquer son identité**. Elle est donc nécessaire pour son bon épanouissement.

En reprenant à son compte ce «non» qui, prononcé par les parents, l'a frustré dans ses désirs, il devient grand à son tour. En s'opposant, il s'affirme tout en évaluant l'impact de ses prises de position. Aussi, la réponse de son entourage est importante : elle peut influencer son rapport aux autres et à l'autorité.

COMMENT RÉAGIR… OU NON

C'est la situation qui est difficile à gérer, pas l'enfant ! Elle requiert **patience et flexibilité**. L'enfant veut juste être reconnu dans ses désirs. La patience vous aidera à résister aux manifestations de frustration ou de colère. Or, les moments de conflit sont aussi un moyen de retenir votre attention.

Être flexible, c'est **faire preuve de diplomatie** et cela ne veut pas dire qu'on est laxiste ou mauvais parent. C'est définir (parfois au préalable entre parents) ce sur quoi on peut céder et sur quoi on est intransigeant. Plus l'enfant grandit et construit sa personnalité, plus son opposition diminue. D'où l'intérêt de l'aider aussi à développer sa confiance en lui.

Si vous voulez qu'il s'exécute sans courir le risque qu'il réponde « non », vous pouvez utiliser la technique du choix illusoire (voir la règle 38).

Gérer les matins difficiles

Entre se préparer pour aller à l'école, s'habiller, le petit déjeuner, se brosser les dents et partir à l'heure, les matinées peuvent facilement devenir des moments de tension, voire de crises, d'autant plus durs à gérer que l'on est pressé par le temps.

COMPRENEZ LES RÉSISTANCES DU MATIN

Pour l'enfant, **partir à l'école correspond avant tout à se séparer,** pour toute une journée, de son parent. Pas étonnant donc qu'il cherche à retarder ce moment et à profiter pleinement de ceux où il est encore avec vous, en vous sollicitant au maximum, quitte à ce que ce soit au prix de crises : ces moments n'en sont que plus intenses.

En comprenant le sens de ces conflits, il est plus facile de les éviter, et plutôt que de se braquer pour qu'il mette seul sa chaussette (ou, à l'inverse, de la lui mettre de force pour aller plus vite), proposez-lui de le **faire ensemble** : « Chacun sa jambe, et le premier qui a fini a gagné ! » Cela fonctionne toujours mieux que négocier.

UNE BONNE ORGANISATION

Préparez la veille tout ce qui peut l'être : les vêtements du lendemain, choisis ensemble et déposés près du lit ; le cartable, dont le contenu sera vérifié une fois les devoirs terminés ; mais aussi la table du petit déjeuner, dressée avec les bols et les couverts, et complétée le matin venu par les aliments habituellement consommés (inutile de déballer une profusion de mets entre lesquels votre enfant aura du mal à choisir). Et **mieux vaut se lever un peu en avance**, plutôt que d'être stressé par le manque de temps.

Faire des repas des moments zen

S'installer à table, manger de tout, aider à dresser ou à desservir le couvert sont autant d'enjeux qui rendent parfois les repas difficiles.

UN MOMENT PROPICE POUR S'AFFIRMER

En refusant son plat, l'enfant **manifeste son opposition** ou toute émotion qu'il veut communiquer à l'adulte. On fera donc la part des choses entre les problèmes affectifs et les vrais soucis alimentaires.

Parmi les obligations inhérentes aux parents, il y a faire les courses, préparer les repas et faire manger l'enfant s'il est jeune, mais pas de manger à sa place, ni de décider de ce qu'il aime ou pas !

Pourquoi faudrait-il qu'il mange de tout ? L'essentiel est d'avoir un apport en calories suffisant à ses besoins et les nutriments divers nécessaires à son métabolisme. Par souci de bien faire, les parents proposent un choix de mets parfois trop important, source de conflits, sans vraiment prendre en compte les goûts de leur enfant. Or, le goût est un sens qui se développe.

COMMENT DÉJOUER LES CONFLITS

Pour chaque aliment nouveau, on lui proposera de **goûter**, « au moins une bouchée ou deux », mais **sans menacer de représailles**. On évitera de lui préparer, en prévision de ses refus, d'autres plats, de surcroît différents de ceux des autres membres de la famille. Trop de choix n'encourage pas à la découverte, mais provoque plutôt l'hésitation.

Comme toute expérience, il est nécessaire de faire goûter le nouvel aliment à plusieurs reprises et de le présenter sous des formes différentes. Notons que la participation de l'enfant aux courses et à la préparation en cuisine favorise un bon déroulement des repas.

Faire que tout baigne

Qu'il s'agisse d'y aller ou d'en sortir, le moment du bain n'est pas toujours simple. Cela est d'autant moins compréhensible que c'est un moment que l'enfant apprécie... quand il y est.

POURQUOI RÉAGIT-IL AINSI ?

L'enfant a toujours du mal à passer d'une situation à l'autre. Il quitte un moment de bien-être ou de jeu, et avant qu'il puisse profiter du moment suivant, **il lui faut traverser une période d'adaptation**. Au cours de celle-ci, la tension provoquée par l'arrêt d'une activité agréable, suivie de la résistance déployée pour maintenir cette activité, puis l'attente pour passer à une autre favorisent l'explosion.

Il n'en faut pas davantage pour que toutes ces contrariétés génèrent une colère, qu'une punition inappropriée (fessée, cris, enfermement dans la chambre...) ne permettra pas forcément d'apaiser.

ANTICIPEZ LES TRANSITIONS

Annoncez la fin de l'activité dans laquelle est engagé votre enfant quelques minutes avant. Il y aura toujours une tentative de résistance de sa part, formulée sous la forme de négociations : « Attends, mon dessin animé n'est pas fini. » Plutôt que de se fâcher ou de menacer de punir, annoncez la suivante, car lorsque l'on arrête une activité, c'est le plus souvent parce qu'une autre doit suivre.

Vous pouvez accompagner ce passage d'une activité à une autre en l'aidant à **canaliser son émotion**. On privilégiera la parole : « Je comprends que tu sois fâché, car tu as envie de continuer, mais on va s'arrêter, parce qu'il y a autre chose à faire. » Lui faire prendre conscience du passage à autre chose lui permet de se contrôler. Cela sera valable pour bien d'autres situations.

Éviter les pièges « mangeurs de temps »

Ne renoncez pas aux moments importants dans l'idée que cela vous fera gagner du temps. Il en est de bien plus chronophages…

PRIVILÉGIEZ LES MOMENTS COMMUNS

Le petit déjeuner, par exemple, est une bonne façon de **bien commencer ensemble la journée**. Ne le réduisez pas à un pain au chocolat mangé sur la route ! En revanche, évitez les négociations qui font filer le temps et proposez toujours des choix qui ne donnent pas la possibilité de dire « non » (voir la règle 38).

Méfiez-vous de la télévision, cette fausse alliée : on aurait trop vite tendance à l'allumer dans l'idée d'utiliser ses pouvoirs hypnotiques pour faire tout ingurgiter à l'insu de son enfant. Il n'en sera que plus difficile de l'en décrocher ensuite. Et rappelez-vous : la regarder avant d'aller à l'école, c'est comme se gaver de bonbons avant de déjeuner !

Utiliser la technique du choix illusoire

Il est possible d'obtenir que votre enfant vous obéisse sans entrer dans un rapport de force s'il a le sentiment que c'est lui qui contrôle la situation.

ACCORDEZ-LUI UN RÔLE ACTIF

Pour qu'il accepte de se coucher, de s'habiller ou de venir à table, donnez-lui l'illusion que c'est lui qui a choisi. Il sera plus à même de vous obéir s'il sent que son libre arbitre est respecté. Offrez-lui donc un choix dans ce que vous lui imposez. **La question pour lui n'est plus d'accepter ou de refuser, mais de sélectionner une option** qu'il se sentira automatiquement plus enclin à suivre.

Au lieu de lui dire : « Habille-toi », demandez-lui : « Tu veux mettre le pantalon bleu ou le gris ? » Ou encore, plutôt que d'exiger de lui qu'il s'installe à table, demandez-lui s'il préfère être assis près de son frère ou à côté de sa mère. Lorsqu'il aura commencé à coopérer, il poursuivra sur cette voie.

Les crises dans les lieux publics

À l'extérieur, la tentation est grande de céder à un caprice pour vite y mettre fin. Rien de pire pour perdre en autorité !

RESTEZ STOÏQUE

Un enfant en crise interpelle nos compétences parentales : « Qu'ai-je fait pour que cela dégénère et que faire pour que cela cesse rapidement ? » Le voisinage devient le témoin de ce que le parent vit comme son impuissance. Ignorez donc le regard des autres et faites-vous confiance : vous faites de votre mieux.

Évitez de céder à son caprice, sinon l'enfant recommencera la fois d'après. Terminez au plus vite, quitte à ne pas faire tout ce que vous aviez prévu, et isolez-vous avec l'enfant, le temps qu'il se calme. Ou faites diversion (voir la règle 25) et changez d'endroit pour pousser l'enfant à passer à autre chose.

Échapper aux crises à l'extérieur

Éviter une crise reste la meilleure façon de la gérer.

PRÉPAREZ LES SORTIES

À partir des situations qui ont déjà posé problème, **anticipez certaines réactions**. Préférez, pour faire les courses avec un enfant, un moment où vous savez que la file en caisse ne sera pas trop longue, après qu'il a goûté et qu'il est reposé. Prévenez votre enfant du déroulement des choses, puis tenez-le informé au cours de la sortie de ce qu'il reste à faire. **Il se montrera également plus patient si vous le mettez à contribution**.

Le mieux reste d'**éviter les situations inadaptées** à l'âge de l'enfant, notamment lorsqu'elles s'avèrent insurmontables (délais d'attente trop longs, enfant trop jeune pour rester longtemps assis à la table d'un restaurant ou debout dans un musée ou un grand magasin...).

Il n'y a pas de caprices avant un an

Certaines réactions des tout-petits comme les pleurs ou les colères sont parfois incompréhensibles pour les parents. Elles sont alors souvent perçues comme des caprices.

NE CONFONDEZ PAS CAPRICE ET MAL-ÊTRE

Parce qu'il n'est pas légitimé par un besoin indispensable, mais considéré comme une envie fondée sur l'humeur, le caprice est souvent mal toléré. En pratique, c'est surtout l'expression « bruyante » (colère ou crise) d'une frustration qui est punie. **Or, pendant toute sa première année, l'enfant n'exprime que de réels besoins** (manger, boire, dormir, être câliné...). Ne pas trouver de cause à son inconfort ne signifie pas pour autant qu'il s'agit de lubies ou de fantaisies.

NE PRENEZ PAS UNE DEMANDE
POUR UNE CRISE D'AUTORITÉ

Un bébé pleure souvent : c'est **son seul moyen d'expression**, et l'intensité de ses pleurs n'a pas de lien avec l'importance de son mal-être. La première chose est de s'assurer que ses besoins élémentaires sont comblés (voir la règle 32). En fonction du contexte (l'heure de la dernière tétée, l'état de la couche…), vous pourrez **chercher la réponse la plus adaptée**.

Avec ou sans larmes, les cris des bébés sont parfois terriblement forts, et leur caractère incessant les rend d'autant plus inquiétants. Pour autant, n'imaginez pas qu'ils sont le fait d'un caprice auquel il ne faudrait pas céder. Vous n'êtes pas non plus obligé de prendre votre enfant systématiquement dans les bras. Parfois, seule **la patience** peut en venir à bout. Il faut alors savoir attendre, lui parler calmement ou passer le relais à un autre… sans pour cela se sentir incompétent(e).

Sanctionner quand c'est grave

Certains comportements, notamment lorsqu'ils portent atteinte à des valeurs fondamentales, ne sont pas tolérables. Cependant, ils ne sont véritablement graves que si l'enfant le fait intentionnellement.

RECONNAÎTRE CE QUI EST GRAVE

Blesser un autre enfant ou martyriser un animal, voler ou détruire ce qui ne lui appartient pas n'aura pas la même importance si c'est le fait d'un tout-petit qui découvre le monde ou d'un enfant de l'âge de raison qui en tire un certain plaisir.

Les actes vraiment graves ne sont pas fréquents. Lorsqu'ils sont ponctuels, **la réaction des parents doit être immédiate et ferme pour éviter la récidive**. En comprenant ce dont il est responsable, l'enfant peut se sentir triste de vous avoir peiné ou honteux de s'être fait prendre.

Ne dédramatisez pas (les formules comme « ce n'est pas grave » sont à éviter, surtout si vous pensez le contraire), mais encouragez-le à s'excuser et à réparer son acte.

S'ils se reproduisent fréquemment, ils traduisent probablement un mal-être de l'enfant. Un accompagnement psychologique peut être nécessaire pour le comprendre et l'aider.

LES SANCTIONS EFFICACES

Elles doivent permettre à l'enfant de **réparer sa bêtise, le dissuader de recommencer et le responsabiliser sans trop le culpabiliser** (voir la règle 18). Dans certains cas, la réparation sera symbolique, comme rendre service (à sa grand-mère pendant un week-end) ou faire une bonne action (offrir un objet que l'on aime à l'enfant que l'on a blessé).

DISSUADER, CE N'EST PAS FAIRE PEUR OU MAL

Il s'agit plutôt d'encourager les bons comportements. C'est ce qui arrive si l'enfant tire plus de bénéfices de ses actions positives que des négatives, comme c'est le cas lorsqu'on le récompense pour une bonne action et qu'on le prive pour une mauvaise.

Trouver la juste sanction

Il n'y a pas plus de bonne punition qu'il n'y a de bonne bêtise. En revanche, lorsque c'est nécessaire, on peut sanctionner juste ce qu'il faut.

LA PUNITION JUSTE

Les trois caractéristiques importantes sont qu'elle doit **être adaptée à l'âge de l'enfant, proportion-nelle à la bêtise et ne pas porter sur un besoin fondamental pour lui** (physique comme affectif).

Les règles doivent être énoncées et connues à l'avance : pas de punition surprise donc, ni de menace que l'on ne mettra pas à exécution.

Plus la sanction est en rapport avec l'acte et plus elle a du sens, à condition de ne pas être exagérée.

Enfin, une punition est toujours limitée dans le temps.

PRIVEZ POUR SANCTIONNER

Retirer un privilège (comme en octroyer un nouveau en guise de récompense) s'avère une sanction à la fois classique et efficace. On peut confisquer un jouet ou un objet auquel l'enfant tient si celui-ci est concerné par la bêtise. Mais on évitera de confisquer les doudous qui ont une fonction affective. Le retrait sera toujours de courte durée et l'enfant doit pouvoir récupérer le jouet ou l'objet grâce à une bonne action.

Une alternative consiste à **restreindre l'utilisation de ce qui pourrait nuire à des activités considérées comme bonnes :** on pourra priver de télévision si cette dernière est responsable de leçons mal apprises ou de manque de respect (l'adolescent qui s'oppose pour voir la fin de son émission), ou limiter les jeux vidéo aux week-ends.

Priver de sortie s'avère judicieux si la bêtise a lieu en public ou correspond à un comportement inadapté que l'on ne voudrait pas voir reproduit à l'extérieur, ou encore porte atteinte aux règles sociales (rentrer en retard du lycée ou ne pas prévenir lorsque l'on a un contretemps).

Déjouer les pièges de la culpabilité

Les enfants vont chercher à nous faire céder à leurs désirs avec les moyens de persuasion qui sont les leurs : en nous prenant par les sentiments.

LES DÉSIRS N'ONT PAS LE CARACTÈRE INDISPENSABLE DES BESOINS

Si ces derniers sont satisfaits (voir la règle 32), vous n'êtes pas obligé de céder aux premiers. Surtout s'ils vous sont imposés sous prétexte que la maman du copain est plus gentille, que chez le voisin c'est mieux ou que pointe la menace d'un caprice. **L'amour ne se mesure pas en cadeaux.**

Et se plier systématiquement à son désir serait faire croire à l'enfant qu'il peut toujours tout obtenir. **Or, la vie nous confronte en permanence à des frustrations qu'il faut apprendre à gérer.** En ne souscrivant pas à toutes ses demandes, vous contribuez à cet apprentissage et assurez pleinement votre rôle de parent.

Ne pas douter de sa légitimité

Certaines réactions excessives de nos enfants nous interpellent : « N'avons-nous pas été trop sévères ? », nous poussant à céder à leurs demandes.

RELATIVISEZ LES CRISES

Devant les bouderies, agitations, plaintes, fausses promesses (« je ne recommencerai plus ») ou menaces (« je ne t'aime plus »), nos émotions sont mises à rude épreuve. Si certaines réactions (spasmes de sanglot, autoagression) peuvent inquiéter, **rassurez-vous**, il y a habituellement plus de bruit que de mal.

Listez les (bonnes) raisons de votre refus. Retenez que les crises céderont plus facilement si elles n'ont pas de prise sur vous. **Restez stoïque** : répétez-vous la règle 3. La meilleure solution reste de calmer l'enfant sans céder, mais en l'isolant de ce qui peut entretenir sa crise : votre attention comme les objets ou individus auxquels il peut s'en prendre.

Rien ne sert de crier !

Que ce soit pour se faire entendre, parce que l'on pense que notre propos aura plus de poids, ou juste par emportement, le ton peut vite monter dans les échanges que l'on a avec nos enfants. Il n'est pas dit pour autant que cela soit la meilleure façon de se faire entendre.

LES CONTRESENS

Si les éclats de voix peuvent intimider l'enfant, ils sont surtout **inefficaces en matière d'amélioration des comportements**. L'enfant pensera que, s'il est puni, c'est parce que son parent est fâché plutôt que parce qu'il a fait quelque chose qu'il n'aurait pas dû faire. Il aura alors plus le souci d'éviter de le contrarier (en faisant les choses dans son dos) plutôt que de faire des choix plus adaptés.

De plus, **une bonne compréhension des consignes passe par une bonne gestion des émotions**, qu'il s'agit de calmer plutôt que d'exacerber. On ne rassure pas la peur par une peur plus intense, pas plus que l'on ne console une peine par un chagrin plus profond. Crier plus fort sur un enfant qui crie ne provoque qu'une sidération qui ne lui permet pas d'intégrer le message que peut contenir la remontrance.

LE JUSTE TON, AU BON MOMENT

Fermeté et assurance parlent plus que colère et agitation : l'enfant sentira la détermination et n'en retiendra que mieux le message d'interdit ou de changement qui lui sera transmis.

Il faudra parfois attendre que l'enfant s'apaise pour qu'il soit suffisamment réceptif. N'hésitez pas à l'envoyer se calmer dans sa chambre. L'attitude adoptée pour expliquer les raisons de votre mécontentement et la gravité de la bêtise joue également un rôle.

Mieux communiquer

Une meilleure communication permet d'être mieux écouté.

UN LANGAGE SIMPLE ET CONCRET

L'obéissance s'apprend : comme toute leçon, il est nécessaire de **répéter pour retenir**. « Oui, c'est oui ; non, c'est non. » Les « non » hésitants qui se transforment en « oui » pour avoir la paix confortent l'enfant dans l'idée qu'il peut tout obtenir. Le préjudice sera double : pour lui, qui deviendra de plus en plus exigeant, et pour vous, qu'il n'hésitera pas à harceler pour vous faire plier. **Apprenez à dire « non » calmement mais fermement**, quitte à devoir renoncer transitoirement à votre tranquillité.

PAS DE « PROMESSES » QUE VOUS NE SAURIEZ TENIR

Une punition trop sévère, que vous n'aurez plus le courage de mettre à exécution, ou une récompense insensée, impossible à honorer, discréditent votre parole.

Ne pas négliger l'humour

Un peu d'humour ne nuit pas à l'autorité. Cela permet de soulager les tensions qui bloquent l'aptitude à céder de votre enfant.

DONNEZ VOS CONSIGNES AVEC LE SOURIRE

Les plaisanteries sont un moyen de distraire et de faire diversion quand l'enfant s'enferme dans son refus. L'enfant peut alors **transformer plus facilement son émotion négative en une positive** et trouver l'occasion de **céder sans avoir le sentiment de perdre la face**.

Au lieu de se fâcher, on pourra, par exemple, transformer la demande en un jeu ou mimer une scène de façon drôle pour encourager l'enfant à vous imiter. Attention cependant à **ne pas confondre humour et moquerie**. On ne doit pas faire preuve de sarcasme ni donner le sentiment à l'enfant que l'on se moque de lui.

L'amour, c'est toujours d'actualité !

La confiance dans les liens affectifs qui unissent parents et enfants favorise l'exercice serein de l'autorité.

NE CRAIGNEZ PAS DE PERDRE L'AMOUR DE VOS ENFANTS…

Cette peur peut avoir plusieurs origines. Des antécédents de séparation ou de divorce, le sentiment de solitude associé à l'idée que les enfants sont la seule source de tendresse et d'amour. Or, cette peur peut vous freiner pour poser les limites et les interdits. Notamment lorsque l'enfant, contrarié par une frustration, remet en question vos qualités de parents. Mais les règles, établies pour le bien-être de l'enfant, n'ont pas à être négociées en fonction de son bon vouloir.

Ne tombez pas dans les pièges de la séduction. Vous n'avez pas à chercher à plaire à vos enfants, mais à les élever pour en faire des adultes autonomes et responsables. De cela, ils vous seront reconnaissants, en plus de vous aimer pour les parents que vous êtes.

Les parents n'ont rien à faire pour être aimé, juste à être parents.

… ET N'HÉSITEZ PAS À MANIFESTER VOTRE AMOUR

On n'aime jamais trop un enfant, mais on peut le faire de façon inadaptée. Aimer, ce n'est pas céder à tous ses caprices ni le protéger de toutes les frustrations (au risque de lui faire croire qu'il peut tout obtenir avec des cris et l'exposer à de cruelles déconvenues une fois adulte). C'est lui apporter ce dont il a véritablement besoin, le respecter et l'aider à grandir et à s'épanouir en lui faisant sentir combien il compte pour vous, ses parents.

DES RÉPONSES DÉTOURNÉES AUX PROVOCATIONS

Aux « je ne t'aime plus », « tu n'es plus ma maman » ou « c'est mieux chez mon copain », répondez simplement « moi, je t'aimerai toujours » ou « eux n'ont pas la chance d'avoir un enfant comme toi ».

Pour en finir avec la fessée

Si, malgré les 49 règles précédentes, vous croyez encore qu'une petite fessée n'a jamais fait de mal, voici de quoi vous convaincre du contraire.

IL N'Y A PAS DE PETITES FESSÉES !

Même une petite tape correspond à un coup. Si ce n'est pas douloureux, il y a toujours une **charge émotionnelle et humiliante**. Ainsi, dès son plus jeune âge, l'enfant intègre l'idée que la violence (physique et psychologique) peut être légitime. Et le message implicite « je te tape, mais c'est pour ton bien » distille un poison qui, plus tard, peut favoriser des comportements où priment l'agressivité et le manque d'empathie.

UNE MÉTHODE INEFFICACE QUI REPOSE SUR DES IDÉES FAUSSES

Une fessée n'a jamais réglé les problèmes éducatifs. L'expérience montre plutôt que plus on y a recours et plus la fréquence des châtiments corporels augmente.

Leur efficacité supposée s'appuie sur **l'idée fausse que la crainte de la punition sera plus forte que le désir de la transgression**. C'est méconnaître que l'anticipation du plaisir obtenu grâce à la bêtise est plus intense que la crainte de la peine encourue. La connaissance de la punition (pour l'avoir déjà éprouvée) a moins d'impact que l'espoir de quelque chose de nouveau. D'autant qu'avec un peu de chance, l'enfant pourra échapper à la sanction et conserver le bénéfice de son forfait. Les châtiments corporels vont donc favoriser **le recours à la dissimulation**.

DES CONSÉQUENCES DÉLÉTÈRES

Le recours aux châtiments corporels nuit au développement des enfants par une agressivité accrue et la recrudescence de comportements inadaptés. Ou, à l'inverse, par un tempérament timoré où prévalent l'inhibition et le manque de confiance en soi.